GUIDE DE BEAULIEU

ET DE

Ses Environs

AVEC

PLAN ANNEXE

PAR

M. BOVIS
Architecte

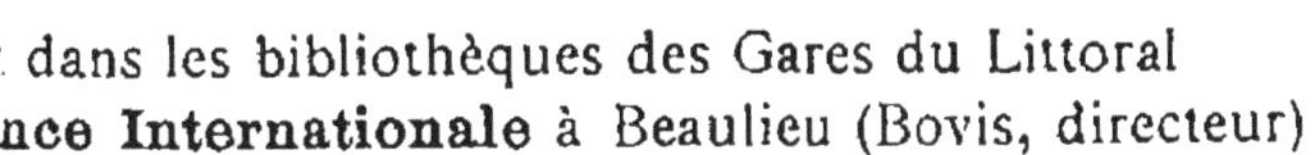
: dans les bibliothèques des Gares du Littoral
...nce **Internationale** à Beaulieu (Bovis, directeur)

GUIDE DE BEAULIEU

ET DE

Ses Environs

AVEC PLAN ANNEXE

par

M. BOVIS, Architecte

à Beaulieu

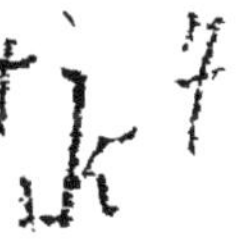

BEAULIEU
IMPRIMERIE HONORÉ GAGGINI
81, Boulevard Félix-Faure, 81

1905

HISTORIQUE DE BEAULIEU

Eze, Saint-Jean, Cap-Ferrat & Villefranche

I

LE DÉPARTEMENT DES ALPES-MARITIMES

Le département des Alpes-Maritimes, dont Beaulieu fait partie, dépendait autrefois de la Gaule. Il était habité par les Ligures, nom donné aux habitants de la Ligurie, vaste contrée de l'Italie ancienne entre la Gaule et l'Etrurie (aujourd'hui la Toscane), et comprenant tout le pays situé au nord du golfe de Gênes.

Borné au Nord-Ouest par le département des Basses-Alpes, à l'Ouest par celui du Var, à l'Est par la frontière italienne, au Sud par la Méditerranée, il possède une superficie de 376.157 hectares et sa population, lors du dernier recensement, atteignait 293.213 habitants. Il est divisé en trois arrondissements : Nice, Grasse et Puget-Théniers. Ces arrondissements eux-mêmes en 26 cantons et 155 communes.

Attirés par un climat d'une douceur exceptionnelle, séduits par les nombreux abris qu'offraient aux navigateurs les déchirures de la côte, les Phocéens qui avaient déjà fondé Marseille, établirent sur ces riants rivages d'abord leurs comptoirs, puis, encouragés par le succès, étendirent peu à peu le champ de leurs opérations, créant ainsi de véritables villes dont les deux plus importantes furent Nice et Antibes.

L'empereur Auguste fit de ce territoire une préfecture dont il établit la capitale à Cimiez. Ravagé par les Barbares (Visigoths, Ostrogoths, Lombards et Sarrazins), le pays revint ensuite aux mains des Francs et fit partie de l'empire de Charlemagne jusqu'au démembrement de celui-ci en l'an 800. Il passa alors sous la domination des comtes de Provence qui le conservèrent jusqu'à la fin du XIVe siècle.

Possédé ensuite durant quatre siècles par les ducs de Savoie, il fut annexé à la France en 1792. En 1815, après la chute de Napoléon, il fut de nouveau placé sous la souveraineté des ducs de Savoie, devenus rois de Sardaigne, et ne redevint français qu'en 1860, à la suite du vote de ses populations, lesquelles se donnaient librement à la France.

La réunion du comté de Nice à la France eut lieu le 24 mars 1860.

Il n'est pas sans intérêt de rappeler le prodigieux développement acquis par le département des Alpes Maritimes depuis son annexion et les sacrifices que le gouvernement français et les municipalités se sont imposés pour en faire le lieu de prédilection de tous ceux qui viennent y chercher avec une température idéale, le confortable le mieux entendu aussi bien sous le rapport de l'hygiène et de la salubrité que sous celui des différents services appelés à être utilisés par la foule toujours plus grande des fidèles habitués de ses rives.

Les petites cités ne sont pas restées en arrière. Elles aussi ont compris leurs intérêts. Elles ont rivalisé d'ardeur pour se mettre à l'unisson de leurs aînées et elles recueillent le fruit de leurs laborieux efforts.

A l'heure actuelle, le département des Alpes-Maritimes est devenu le grand sanatorium de la France; il peut d'autant mieux remplir ce rôle que les villes du littoral, si bien situées et appropriées, se complètent, pour ainsi dire, par les villages de la montagne qui servent maintenant de résidence d'été. Il est peu de pays au monde qui présentent des accidents de terrain aussi grandioses; aucun ne peut offrir une semblable opposition de climats et une végétation aussi variée.

II

BEAULIEU

Le coquet village, aujourd'hui l'un des joyaux du littoral, n'était autrefois qu'une petite station maritime appelée Anaon. Entouré d'une épaisse ceinture de collines qui l'abritent des vents du nord, sa superficie atteint environ 92 hectares. Il s'étend au bord de la mer, sur un développement d'environ trois kilomètres. Le terrain s'élève en pentes douces du rivage aux premiers contreforts de la montagne où s'échelonnent d'admirables terrasses exposées au midi.

De toutes parts on y jouit d'un merveilleux panorama sur le golfe de Beaulieu et de la mer d'Eze, avec à droite, le port de Saint-Jean et la presqu'île de Saint-Hospice, à gauche le cap d'Aglio et la Tête-de-Chien dominé par le fort de la Turbie. Il n'est pas rare d'y jouir, le matin, au moment du lever du soleil, d'une vue nette et précise des hauts sommets de la Corse.

La tradition veut que son nom lui ait été donné par Napoléon Ier qui, campé sur la colline de Saint-Michel et admirant le joli panorama qu'il avait à ses pieds, se serait écrié en italien : *Bel luogo!* (en français : Beaulieu). Quoique ne renfermant pour ainsi dire aucune ruine digne de remarque, et malgré la modernité de son nom, Beaulieu existait déjà au temps des Romains. Il était, à cette époque, le théâtre de guerres incessantes et fut envahi par les Sarrazins et les Lombards qui, débarqués à Saint-Hospice, au pied de la tour que l'on voit encore aujourd'hui, où il reste encore des vestiges de ruines, pillèrent et ravagèrent toute la contrée.

La petite chapelle de Beaulieu, avec son chœur de forme cintrée, ses colonnes monolithes, son abside

---

ellipsoïdale, ses fragments de chapiteaux, suffirait à elle seule à établir sa destination première d'ancien temple romain. En creusant les fondations de la Batterie, à deux pas de l'église, de même lors des travaux entrepris pour l'amélioration du port (1863), les ouvriers mirent à jour plus de cinq cents squelettes, des lacrymatoires, des lampes sépulcrales et des monnaies portant le nom et l'effigie de César et de Constantin, ce qui prouve surabondamment que ces terrains durent servir de nécropole à quelque colonie romaine installée dans ces parages.

Il y a quelques années, quand on abaissa le niveau de la place de l'église on retrouva de nombreux tombeaux construits avec de larges briques romaines, des ossements humains, des amphores, ainsi que quelques menues pièces de monnaies. Plusieurs de ces vases ornent aujourd'hui le musée de Nice.

Enfin, récemment, en 1898, lors des fouilles entreprises pour la construction de la nouvelle église qui remplace la petite chapelle actuelle, la pioche rencontra également des fragments de tombeaux, des débris de vases, de la verroterie, des aiguilles, des clous et différents objets dont la provenance et l'antiquité ne font aucun doute pour les connaisseurs. Ces objets recueillis à quelques mètres du sol, servent actuellement à la reconstitution d'une époque lointaine et ne font que préciser certaines données autrefois mises en doute. On ne peut cependant nier que l'édification de la chapelle, à cette époque reculée, ne soit due à quelque événement heureux dont la commune de Beaulieu fut le théâtre.

Au Nord de la colline dentelée qui enserre Beaulieu, on trouve le mont Olivo, ainsi appelé autrefois, et que l'on nomme aujourd'hui l'Olivetto. C'est à cet endroit que fut construite la chapelle Saint-Michel dont on voit encore les ruines, ainsi que le Castrum qui l'entoure, sorte de fort surplombant Beaulieu et élevé à la hâte par les habitants de Villefranche, dont

BEAULIEU (Vue Générale) L. L.

la commune dépendait alors, et qui, chassés par l'invasion des Sarrazins, s'établirent dans cette position redoutable pour résister à leurs ennemis.

Actuellement, on accède à la chapelle Saint-Michel par un sentier abrupt tracé dans la montagne au lieu dit : la Calanca.

La notoriété de Beaulieu ne date, en somme, que d'un certain nombre d'années. On ne pouvait s'y rendre que par des sentiers escarpés, la plupart impraticables aux voitures, et qui le reliaient à Villefranche, à Nice et Monaco. Ce n'est que depuis l'établissement de la ligne du chemin de fer, en 1866, et la construction de la route nationale, en 1868, que le modeste hameau, habité en majeure partie par des pêcheurs, commença à être connu.

A ce moment, le territoire de la commune était encore couvert d'oliviers qui passaient pour les plus beaux de la contrée, de figuiers, de caroubiers, de citronniers, d'orangers, de mandariniers, et son sol était abondamment garni d'une flore dont la variété n'excluait en rien la quantité : la violette sauvage, l'anémone et le glaïeul champêtre s'épanouissaient en liberté. Un certain nombre de masures, d'aspect délabré, dispersées un peu partout, s'y élevaient, donnant asile à une population évaluée à 480 habitants.

On remarquait encore, il y a vingt ans, à l'endroit où s'élève maintenant l'Hôtel Victoria, un olivier gigantesque appelé le Gros Olivier ou « Pignou », qui passait pour le plus vieux et le plus colossal de la région. Il était déjà célèbre en 1515, sous François Ier, et mesurait 12 m. 50 de circonférence à la base. On venait de bien loin l'admirer et il passait pour une des curiosités du pays. Il fut incendié par un fou quelques années avant la construction du Victoria.

Quelques spécimens de ces gigantesques colosses existent encore aujourd'hui. La pitié des hommes les épargne parfois, et l'on peut en voir plusieurs qui, bien que gênants pour l'édification des futures constructions, sont parfois conservés au détriment de l'esthétique des murailles bordant les propriétés. On sectionne la pierre, et le géant emprisonné bien malgré lui, sert de solution de continuité à la maçonnerie qui l'enserre avec le secret espoir, peut-être, de s'en débarrasser un jour.

De superbes pins, sur le versant Nord de la colline, tempèrent agréablement l'agreste du paysage. Malheureusement les constructions les font disparaître peu à peu, et l'on ne sait si l'œil doit se réjouir à la contemplation des coquettes villas aux persiennes bleu tendre, ou regretter le temps où le vert feuillage des anciennes frondaisons coupait seul l'horizon montagneux que l'on avait devant soi. Heureusement, la main de l'homme n'a détruit que l'agreste ; la mer a résisté, vaste, immense, infiniment bleue, d'un éternel horizon.

L'extension de Beaulieu ne commença guère qu'en 1875, lorsqu'une Société mentonnaise acheta une partie des terrains disponibles, y fit construire les grands bouvelards que l'on voit actuellement et vendit, en les lotissant, les terrains qu'elle possédait. De cette époque commence la vogue de Baulieu, Attirés, séduits, charmés par la beauté de ses sites, la salubrité de son climat, la pureté de son air, les étrangers ne tardèrent pas à en faire le but de leurs promenades. Les plus audacieux y acquirent du terrain, y construisirent des villas et, l'émulation s'en mêlant, chacun désira posséder son morceau de terre et son *home*, au milieu d'une nature dont la prodigalité semblait excessive, tant elle s'était plu à répandre sur ce petit coin du monde tous les trésors dont elle disposait.

Cette vogue, constante et justifiée, ne se ralentit pas un seul instant dans la jolie commune. C'est alors qu'elle rêva de son autonomie et songea à se séparer de Villefranche. Elle avait tout pour cela : le territoire et les ressources. De puissantes influences agirent dans ce sens et, en 1892, elle fut déclarée commune et autorisée à s'administrer elle-même. Cette solution ne fit qu'augmenter sa renommée qui, déjà, se répandait au loin. Aujourd'hui, continuant sa marche ascendante, la florissante petite cité se voit recherchée par tout ce que le monde compte de notable et d'illustre.

A côté des élégantes villas qui se sont construites, et qui atteignent aujourd'hui la centaine, de somptueux hôtels se sont édifiés, apportant un précieux concours au succès désormais consacré de la jolie station. Chaque année voit s'accroître leur nombre, et il n'est pas douteux que les stations rivales n'aient un jour à compter avec la popularité qui s'attache à Beaulieu.

La population fixe atteint aujourd'hui 1394 habitants. Durant l'hiver, elle est augmentée dans une proportion très grande. Il n'est pas exagéré de la porter au double, sans tenir compte, bien entendu, du renouvellement incessant et perpétuel des personnes habitant les différents hôtels (1).

Le port de Beaulieu, qui, grâce à la générosité souvent manifestée d'un bienfaiteur de la commune, fut agrandi en 1899, peut recevoir maintenant de nombreux yachts et offrir un refuge bien assuré aux embarcations de plaisance de ses fidèles hivernants.

Si Beaulieu doit à son incomparable climat le plus clair de sa renommée, sa situation privilégiée entre Nice et Monte-Carlo aida puissamment aussi à son essor. L'étranger qui rêve de calme, de tranquillité ou de solitude s'y complaît volontiers, tout en ayant à portée de la main les plaisirs et les distractions de ces deux villes. Un quart d'heure à peine de chemin de fer le sépare de l'une ou l'autre et sa gare est sillonnée chaque jour par le passage de quatre-vingt trains lui permettant, pour ainsi dire à toutes mi-

(1) Le mouvement journalier des Voyageurs à la gare de Beaulieu a atteint, l'année dernière, à de certains jours, le chiffre de 1.500.

BEAULIEU (Vue Générale)

nutes, la possibilité de rechercher le bruit ou le mouvement, la vie active, les grandes manifestations, sportives ou théâtrales, de prendre en un mot sa part de tout ce qui lui est offert par les aînées, Nice et Monte-Carlo, les reines de la Côtes d'Azur.

Ce qui contribue également au succès de Beaulieu, c'est la facilité que possèdent les étrangers de s'y approvisionner en aliments de toutes sortes et d'y trouver les élément nécessaires à une parfaite quiétude, Notaire, médecins français et étrangers, vétérinaire, pharmaciens, dentiste, architectes y demeurent en permanence, la plupart toute l'année. Un service de voitures de place et de luxe pour excursions, promenades, etc., de jolis bateaux de plaisance, marché public, un garage pour automobiles, tout contribue à faire de Beaulieu l'endroit préféré des personnes venant hiverner sur le littoral.

Un système d'égout collecteur et pour lequel la commune a dépensé largement, donne maintenant toute sécurité quant à l'hygiène et aide puissamment aux qualités de salubrité que l'on est en droit d'attendre. L'eau, le gaz, et l'électricité sont également distribués dans toutes les habitations.

La recette des postes, instituée de première classe du 1er novembre au 15 mai, facilite toutes les communications avec la France et l'étranger. Elle est également dotée d'une cabine téléphonique publique. Tous les hôtels ainsi que la plupart des villas sont reliées par le téléphone avec Nice, Cannes, Grasse, Monte-Carlo et Menton. L'installation de la ligne Nice-Marseille-Paris réalise un grand progrès dans l'échange de communications téléphoniques à longue distance.

Les services religieux ne laissent également rien à désirer. La petite chapelle vient d'être remplacée par un nouveau édifice catholique plus spacieux et en rapport avec la clientèle toujours plus nombreuse de Beaulieu. La localité possède encore un temple protestant anglican.

Beaulieu possède également un organe hebdomadaire, l'*Avenir de Beaulieu*. Ce journal sert de trait d'union entre les différents membres de la colonie étrangère ; il publie chaque semaine la liste exacte de tous les étrangers descendus dons les différents hôtels et dans les villas ou appartements de la localité, les compte-rendus des théâtres de Nice ou de Monte-Carlo, les divers renseignements intéressant la colonie hivernante et tous les faits susceptibles d'attirer l'attention des lecteurs.

La construction du tramway électrique qui relie directement Beaulieu à Nice, Monte-Carlo et Menton aide puissamment aux commodités d'accès à ces deux villes. Côtoyant la magnifique route du bord de la mer, les étrangers qui usent de ce nouveau mode de locomotion peuvent admirer à l'aise les splendides points de vue qui se déroulent sous leurs yeux.

Enfin, et pour clore ce rapide aperçu, il est juste de mentionner la vogue des nombreux établissements horticoles de Beaulieu d'où partent, pour toutes les directions, les fleurs du pays du soleil, précieux témoignage d'une exceptionnelle température, qu'envoient aux moins heureux, dans les pays de brume, les privilégiés de nos stations hivernales.

Un Syndicat d'intérêt local, à la tête duquel sont placés les principaux propriétaires et notables de Beaulieu, s'intéresse particulièrement, dans la mesure de ses moyens, à l'embellissement de la localilé et au bien-être de ses habitants.

Le nouveau grand Boulevard sur le flanc de la colline joignant l'avenue Léopold II et par celui-ci la Grande Corniche, donne à Beaulieu un débouché dont il ne tardera pas à se grouper une suite d'élégantes constructions formant ainsi le joyau du Littoral.

La nouvelle place publique avec square, où s'élève au milieu un kiosque à musique, vient ajouter un point de cachet en plus à la petite station dont la colonie étrangère saura certes apprécier.

III

EZE

A côté de Beaulieu, au Nord du cap Roux, et dans une position inexpugnable, s'élève le vieux village d'Eze. Bâti sur un rocher à pic, véritable nid d'aigle, le village paraît en majeure partie composé de maisons en ruines tellement celles-ci paraissent de lamentable aspect.

Au milieu du pays, et au point culminant, se dressent encore les ruines d'un antique château-fort qui dût évidemment avoir son époque célèbre au moment de l'invasion des Sarrazins et des Lombards. Il est douteux que ceux-ci aient jamais eu raison de ses défenseurs tant la position qu'ils occupaient paraît imprenable.

La population de cette commune, qui dépend de Villefranche, est aujourd'hui de 640 habitants. Confinés sur leur rocher, ceux-ci ne peuvent avoir que de vagues relations avec leurs voisins, vivant de cultures et s'adonnant surtout à la production des mandarines dont la renommée est proverbiale et laisse loin derrière elle les produit similaires cultivés à Blidah et dans les différentes cités algériennes et tunisiennes.

L'excursion à Eze est toute indiquée aux touristes. Ils ont le choix pour y accéder, soit en voiture par la magnifique route de la Grande-Corniche, ou par Saint-Laurent d'Eze, d'où le regard embrasse le plus magnifique des panoramas, soit par le sentier muletier qui y conduit de la gare d'Eze. Le touriste qui ne craint ni la fatigue ni la rudesse d'un sol rocailleux, se trouve largement récompensé de ses peines au bout d'une heure de montée. La nature lui offre, durant cette excursion, un tableau de saisissant aspect et de réelle admiration.

La station d'Eze ou Eze-sur-mer est située à cinq minutes de celle de Beaulieu et à environ trois kilomètres par la route nationale.

MER D'EZE (Vue Générale avec Eze) Giletta

IV

SAINT-JEAN

Le hameau de Saint-Jean, qui vient de s'ériger en commune, est situé à peu près au centre de la presqu'île formée par la pointe de Saint-Hospice et le Cap Ferrat. Il a une population fixe de 1049 habitants. Il est formé d'une seule rue parallèle au rivage, bordée d'habitations et d'un assez grand nombre de villas échelonnées sur le versant Est. Le nombre de ces villas s'accroît continuellement et l'on peut prévoir le moment où le coquet village bénéficiera, lui aussi, d'une vogue incontestée qu'atténue malheureusement à l'heure actuelle les moyens de communication.

De grands travaux ont été entrepris dernièrement pour doter Saint-Jean de chemins et de boulevards destinés à favoriser les promenades et les excursions.

La belle route qui en fait le tour est, dans l'hiver, très fréquentée par les promeneurs et les touristes.

A un quart d'heure du petit port, et vers le Sud, se dresse la vieille tour et la chapelle de Saint-Hospice, avec, au-desssous, le cimetière. On remarque, au bas de la tour, les débris des anciens remparts construits par Emmanuel Philibert, en 1557, et démolis par le maréchal Berwich, en 1706. Ce sont les seuls vestiges de l'antique forteresse.

Le cap de Saint-Hospice, ou Sans-Soupir, comme le dénomment les marins, doit son nom à un vieil ermite qui y mourut eu 521. Les prophéties du pieux anachorète l'avaient rendu populaire dans les Gaules et ses vertus consacrèrent définitivement sa mémoire.

SAINT-JEAN (Le Port) Giletta

2

Certains historiens prétendent qu'Hospicius était Supérieur d'un couvent de Bénédictins établi là et qui fut détruit par les Barbares. La légende rapporte qu'à l'époque où ceux-ci ravagèrent Port-Olive en 577, Hospicius les désarma par sa douceur et ses vertus et que l'un d'eux eût le bras «desséché» pour l'avoir levé sur le saint.

Le cap de Saint-Hospice fut le dernier rempart des ordes sarrazines et lombardes. Ils y furent exterminés en 973, par Guillaume, comte d'Arles et de Provence, sous les ordres duquel toute la population s'était rangée.

En 1527, les chevaliers de Rhodes chassés par les Turcs, obtinrent du duc de Savoie tout le territoire nécessaire à l'établissement de leur ordre. Ils le quittèrent bientôt pour Malte que leur cédait Charles-Quint.

La vieille tour de Saint-Hospice, date de l'époque sarrazine, demeure l'un des buts de promenade de tous les excursionnistes; celle-ci vient d'être achetée en 1900 par un riche propriétaire habitant la contrée qui fit construire en bronze une gigantesque Sainte-Vierge pour être érigée sur la dite tour.

V

CAP-FERRAT

Le Cap-Ferrat fait partie du territoire de Saint-Jean ; il doit son nom à des mines de fer qu'on supposait y exister et dont d'ailleurs on trouve encore quelques traces minéralogiques.

Vers l'an 970 de notre ère, il était recouvert de bois et de futaies impénétrables qui servaient de repaires aux Sarrazins. On ne pût les en déloger qu'en y mettant le feu, ainsi qu'à la colline de Mont-Boron. Tout le pays resta pour ainsi dire dénudé et ce n'est qu'en 1863 qu'on entreprit un reboisement judicieux des territoires du Cap-Ferrat.

A l'extrême pointe du cap se trouve le phare dominant l'entrée de la rade de Villefranche. Son altitude est de 58 mètres au-dessus du niveau de la mer, et sa portée de 12 lieues marines. Il a été construit en 1732.

Au Nord-Est de l'habitation des employés se trouve la tombe d'un Anglais mort dans des circonstances restées mystérieuses. La légende s'est emparée de cette mort et l'on a brodé les plus invraisemblables thèmes à ce sujet. La vérité est qu'on y a enfoui les restes d'un jeune fils d'Albion, mort d'un anévrisme, et qui fut emporté de Nice par « fragments » embaumés. Ses restes furent déposés là par sa famille. A cette époque il était défendu de laisser sortir du comté le cadavre d'un protestant.

A côté du phare existe une batterie aujourd'hui déclassée ; de même, sur un des points culminants de la presqu'île, une autre batterie se voit aussi, toute récente. En arrière, le sémaphore déploie ses multiples signaux, au point le plus élevé du Cap-Ferrat ; plus bas, vers la rade, une nouvelle batterie vient d'être construite tout récemment. Son altitude est d'environ

90 mètres. A gauche, et faisant face à la rade, la Compagnie des Eaux a fait construire un immense réservoir destiné à alimenter les communes voisines. Ce lac est une des curiosités du pays, et le beau parc qui l'entoure un réel but de promenade.

En dessous, et en redescendant sur la rade, le promeneur rencontre les deux petits ports de Passable et de Grasseuil.

C'est au Cap-Ferrat, près de Passable, que le roi des Belges, Léopold II, a acquis d'importants lots de terrains destinés à l'édification d'une maison d'habitation, pavillon servant de débarcadère, etc.

L'avenir du Cap-Ferrat se dessine lentement mais sûrement, grâce à une Compagnie qui s'est rendue acquéreur de ce vaste domaine et qui ne néglige aucune occasion pour le doter de tout le confort désirable, tant au point de vue des routes qu'à celui du lotissement des terrains destinés à se garnir d'habitations particulières et de villas. Huit kilomètres de routes ont été construites par cette Compagnie qui ne paraît pas vouloir s'arrêter en si beau chemin. Elle a l'idée de construire un vaste hôtel, des villas, de créer des distractions sans nombre aux touristes, de développer en un mot son domaine et de le faire apprécier, toutes choses dont la réalisation paraît prochaine, grâce à la situation du Cap-Ferrat et au zèle des administrateurs de la Compagnie.

CAP FERRAT (Le Lac) L. L.

VI

VILLEFRANCHE-SUR-MER

L'histoire de Villefranche se rattache à celle des petites communes dont la rapide description vient d'être faite. Comme celle-ci, la vieille ville, aux rues raides et tortueuses, subit le contre-coup des événements historiques relatés plus haut. Souvent même elle en fut le point de départ. Son origine est sûrement sarrazine; ses maisons superposées en amphithéâtre, ses ruelles en escalier, la mosquée qui se trouvait autrefois à l'emplacement de la chapelle Saint-Roch en sont des preuves irrécusables.

Quand les Phocéens se furent installés sur la côte, ils entourèrent d'oliviers la rade de Villefranche et bâtirent Olivula, à Passable. Au IXe siècle, Olivula fut dévasté par les Sarrazins comme ils dévastèrent Beaulieu et Saint-Jean. C'est à ce moment que les habitants s'enfuirent sur le mont Olivo, au Nord de Beaulieu et qu'ils y construisirent le castrum dont nous avons parlé dans la description de Beaulieu, et dont les ruines se voient encore aujourd'hui.

En 974, battus par Hugues, roi d'Italie, et Guillaume, comte de Provence, ils durent se réfugier à Saint-Hospice, d'où ils furent chassés complètement quelques années plus tard. Gibelin de Grimaldi, qui s'était bravement comporté durant les différents combats livrés aux Barbares, reçut en récompense le golfe qui baigne le littoral de Monaco à Menton et lui donna son nom (Baie Grimaldi).

Olivula, après l'extermination des Sarrazins et la paix dont elle jouit durant trois siècles (978 à 1295) ne se développa guère. Ce fut Charles II d'Anjou, roi de Provence, qui commença à lui donner son premier essor en déplaçant peu à peu son centre et en édifiant les premières constructions au Nord-Ouest de la rade. Il la gratifia d'établissements maritimes, affranchies de tous droits d'entrée, et changea son nom en celui de *Cieuta Franca*, qui signifiait alors : « ville franche d'impôts ». Par dérivation on fit Villefranche. Quoique cela, son développement semblait stationnaire. Les prélèvements de troupes destinées à guerroyer en Sicile, arrêtaient l'essor commencé.

Cependant la ville fut peu à peu fortifiée. On construisit six tours reliées entre elles par des remparts. La citadelle se trouvait alors au Nord-Est. On voit encore les vieux murs percés de meurtrières, les restes des ponts-levis et la fameuse tour carrée qui fermait l'entrée de la ville.

En 1557, Emmanuel-Philibert, qui construisait le fort de Mont-Alban, les remparts de Saint-Hospice et la citadelle de Villefranche, promit aux pêcheurs du village, presque abandonné, de leur envoyer une colonie de jeunes gens et de jeunes filles pour combler les vides laissés par la guerre de Sicile. Cette promesse fut vaine et la prospérité ne vint pas. Ce n'est qu'au commencement de ce siècle, et grâce à son admirable rade qu'un semblant de prospérité parût se manifester.

La rade de Villefranche a 2.900 mètres de longueur ; sa largeur est de 1.800 mètres, soit une superficie de cinq millions quatre cent vingt mille mètres carrés. Un grand nombre d'illustres personnages s'y sont embarqués ou y ont séjourné. Parmi les plus célèbres on peut citer François Ier, en 1525, et Charles-Quint, en 1529. En 1538, l'armée de ce dernier campait au Mont-Boron et celle de François Ier à Saint-Laurent-du-Var. C'est à cette époque que le pape Paul III les y rejoignit et leur fit signer la trêve de Nice.

Villefranche, chef-lieu de canton des Alpes-Maritimes, a une population de 3.993 habitants. Très abritée entre la mer et le mont Soleïa, sa température est des plus agréables. Les ressources de la ville sont peu nombreuses. Elles se limitent à la pêche et au commerce provenant des navires ancrés dans sa rade. Depuis la suppression des docks de la darse, entrepôts des Russes et des Américains, Villefranche a beaucoup perdu.

Elle a pris cependant quelque développement sous le rapport foncier, grâce à la construction de quelques villas en bordure de la route nationale et autour de la place d'Armes.

Un certain nombre de personnages célèbres ont vu le jour à Villefranche, entre autres le savant Papacin, qui y naquit en 1710. Honoré d'Urfé (1567-1627), poète-romancier, y possède son tombeau. Paganini, l'illustre virtuose du violon, y fut de même enterré, mais sa dépouille mortelle n'y séjourna que quatre années, au Lazaret.

La garnison de Villefranche contribue heureusement à créer quelque animation dans la ville et à aider quelque peu à son commerce local. Le territoire de la commune renferme de nombreuses carrières de pierres très justement appréciées, ainsi que des fours à chaux qui tentent cependant à disparaître. On y récolte d'assez bonne huile, des caroubes, et certaine qualité de pommes de terre hâtives des mieux estimées. L'industrie de la fleur tente à s'y acclimater petit à petit, grâce à une exposition parfaite et à un climat tempéré.

J^H Bovis,
Architecte à Beaulieu.

VILLEFRANCHE (La rade) Giletta

NOTE MÉDICALE SUR BEAULIEU[1]

Les qualités médicales d'une station d'hiver découlent d'un ensemble de conditions qu'on peut grouper autour de facteurs principaux qui sont : la manière dont elle est située, protégée, exposée ; le nombre, la beauté, l'accessibilité de ses promenades et enfin la douceur de son climat.

Situation — Protection — Exposition

Beaulieu, placé presque exactement à moitié chemin entre Nice et Monte-Carlo, est formé par un léger écartement entre la montagne et la mer, ce qui a permis de comparer sa surface à celle d'un triangle : deux des côtés sont constitués par les montagnes abris, tandis que le troisième est le rivage de la Méditerranée. Ce rivage n'est pas rectiligne, mais formé par la réunion de deux anses de dimensions et d'orientation différentes ; la plus petite, la baie de la Formica, située entre la presqu'île Saint-Jean et la pointe de Pierre-Formigue, regarde le Sud-Est ; la plus grande s'étend jusqu'au Cap-Roux et fait face au Sud-Est dans sa première partie, tandis que la seconde, près du Cap-Roux, est exposée au Midi.

(1) Les lignes qui suivent sont le résumé d'un travail antérieur du Dr Hérard de Bessé, «*Beaulieu Station d'hiver*» *Paris 1898*, auquel on peut se reporter pour de plus amples renseignements.

Toute cette côte est protégée d'une façon admirable par une ceinture de montagnes qui, nous l'avons dit, forment en quelque sorte les deux autres côtés du triangle.

Du côté Nord, nous voyons une ligne longue et continue de rochers abrupts, les rochers Saint-Michel, véritable muraille à pic de *300 mètres* d'altitude, au pied de laquelle les villas sont comme en espalier. Cette protection est remarquable à de multiples points de vue : d'abord par sa *proximité*, ensuite par sa *continuité*, enfin par son *élévation*, conditions qui réunies, la rendent absolument efficace. Elle l'est d'autant plus, qu'à quelques centaines de mètres en arrière de ce premier abri s'en trouve un second, constitué par le Mont-Pacanaglia et par le Mont-Fourche dont l'altitude atteint 600 mètres. On voit donc qu'il est *matériellement impossible* de sentir à Beaulieu le moindre souffle venant du Nord.

Du côté de l'Ouest, la protection est assurée par la chaîne du Soleyal et la Crête de Serres — qui s'étendent du col des Quatre-Chemins jusqu'au Cap Ferrat — et par le massif du Mont-Boron. Grâce à ces deux lignes d'abris, les vents d'Ouest et Sud-Ouest (mistral) ne soufflent à Beaulieu que très atténués.

Cette disposition crée des avantages exceptionnels qu'on ne rencontre guère à ce point qu'à Beaulieu seulement et qui ont fait donner à la partie voisine du Cap-Roux le nom de « *Petite-Afrique* », tant la température y est constante et douce. Le reste de Beaulieu jouit du même climat, mais il est évident que ce sont surtout les villas accrochées au flanc des rochers Saint-Michel que devront rechercher ceux qui veulent le soleil et la constance de la température.

De même, ils devront éviter la gorge de *la Murta* formée par la rencontre des rochers Saint-Michel et de la chaîne du Soleyal. Toujours à sec, s'enfonçant très peu dans la montagne, on ne peut comparer le torrent de la Murta avec le Paillon de Nice ou le Careï de Menton, ni même avec le torrent de Sainte-Dévote, à la Condamine ; cependant il est le siège d'un courant d'air. Au coucher du soleil l'air froid, plus lourd, descend le long des pentes et se réunit dans le ravin, comme le ferait de l'eau, pour dévaler vers la mer. Si peu considérable que cet inconvénient soit à Beaulieu, en raison de la brièveté de la Murta et de la proximité des montagnes, il est suffisant pour qu'on doive éviter de se mettre sur le passage de ce courant d'air froid.

Le versant du Soleyal et de la crête de Serres a le défaut d'être privé de soleil un peu tôt, surtout en décembre et janvier, aussi préférons-nous celui des rochers Saint-Michel.

De l'exposition générale nous ne dirons qu'un mot : le soleil inonde notre station de ses rayons chauds et lumineux autant que n'importe quel autre endroit ; or, le soleil c'est la vie.

BEAULIEU (Le Port et la Petite-Afrique) E. Giletta

Promenades

Nous nous appesantirons au contraire davantage sur la question des promenades, d'autant plus intéressante que peu de stations réunissent comme Beaulieu une protection parfaite avec des promenades nombreuses et faciles, répondant à la fois aux exigences du médecin et à celles du touriste.

Pour la commodité, nous diviserons les promenades de Beaulieu en deux groupes : A) *La presqu'île Saint-Jean ;* B) *La Montagne*, et nous donnerons pour chacun de ces deux groupes des indications qui, *jointes à l'examen du plan*, permettront à chacun de choisir sciemment la promenade qu'il fera suivant ses forces, l'heure du jour et le vent régnant.

A) La presqu'île Saint-Jean. — Disons d'abord que la presqu'île Saint-Jean offre des promenades variées, faciles, dont quelques-unes seulement franchissent des côtes rapides et qui pour la plupart sont peu poussiéreuses.

Une chaîne de collines hautes et escarpées la partage en deux versants, l'un Est, l'autre Ouest, abrités des vents opposés. Le premier situé au Levant, sera choisi le matin et par vent d'Ouest, tandis que le second exposé au Couchant, est préférable le soir et par vent d'Est.

Disons maintenant quelques mots des principaux chemins que pourra suivre le promeneur :

VILLAGE DE SAINT-JEAN ET POINTE ST-HOSPICE. — Sur la crête de ces collines qui partagent la presqu'île en deux versants, passe le *Chemin des Moulins* qui, parti du pont Saint-Jean, rejoint la route de grande communication de Saint-Jean. Sur ce chemin se trouvaient deux moulins à vent aujourd'hui en ruines, d'où son nom. Il monte assez rapidement sur le sommet de la colline et se trouve exposé à tous les vents, excepté à ceux du Nord ; en revanche, il est en plein soleil toute la journée, et de là le promeneur jouit d'un panorama superbe à l'Ouest sur la rade de Villefranche, à l'Est sur Beaulieu et la côte jusqu'à Bordighera.

Le très pittoresque *Chemin de Beaulieu à Saint-Jean par le bord de mer*, bien protégé du vent d'Ouest, reçoit le soleil du matin ; il est sans poussière et plat. Le *chemin des Fosses* et ceux de la *pointe St-Hospice* sont dans les mêmes conditions et en même temps ombragés. L'*anse des Fosses* et celle des *Fossettes,* admirablement abritées, surtout de l'Ouest mais aussi de l'Est, sont d'excellents endroits pour se reposer. Nous recommandons spécialement l'*anse des Fossettes* où se trouve, au pied d'une colline, un bois de sapins remarquablement exposé. Le versant Ouest de la colline que surmonte la tour de Saint-Hospice, lui aussi boisé de sapins, est également très bien situé, mais moins à l'abri du vent. Le *boulevard Amélie-Pollonnais* jouit de la même exposition que le chemin du bord de la mer, mais avec un peu moins de soleil ; en revanche il est encore mieux abrité de l'Ouest, sauf au point où il est traversé par le chemin qui monte assez rapidement vers la *grande route de Saint-Jean à Beaulieu et Villefranche.*

Cette route, un peu poussiéreuse, part du *pont Saint-Jean* et dans la première partie de son trajet monte le long du versant Ouest de la presqu'île, dominant la merveilleuse rade de Villefranche; elle est alors abritée de l'Est et ensoleillée pendant toute l'après-midi ; mais, dans la seconde partie de son trajet, elle passe sur l'autre versant et descend jusqu'à Saint-Jean avec l'exposition inverse.

Sur cette artère principale viennent se brancher un certain nombre d'autres voies desservant le *Cap-Ferrat*, sauf celle qui, très abritée de l'Est et exposée au soleil couchant, descend en pente rapide au milieu des arbres vers le petit *port de Passable.*

Enfin un autre chemin passant près de la chapelle Saint-François monte rapidement de la grande route jusqu'au *rond-point.*

Cap-Ferrat. — Ce rond-point est situé à l'entrée du domaine du *Cap-Ferrat*, propriété d'une Compagnie qui y a tracé des chemins et des sentiers nombreux permettant d'en admirer les beautés et en faisant en quelque sorte le bois de Boulogne de Beaulieu ; aussi, allons-nous en parler avec quelques détails.

On peut aller de Beaulieu au Cap-Ferrat par différentes voies, soit que venant par la route Nationale on prenne à droite le chemin cité plus haut qui monte au *Rond Point*, soit que arrivé à St-Jean, on grimpe par le sentier très escarpé, très abrité de l'Ouest, peu ou pas ombragé contre le soleil du matin, qui rejoint le boulevard de l'Est.

Disons enfin que de la gare de Beaulieu il y a environ deux kilomètres pour aller au lac ou au Rond-Point, suivant les chemins : soit environ trente minutes de marche.

Une fois au Rond-Point ou au Lac, le promeneur aura le choix entre des routes nombreuses. Comme le reste de la presqu'île, le Cap est partagé en deux versants, Est et Ouest, l'extrémité même du promontoire formant un troisième versant au Midi. La partie où se trouvent le Rond-Point et le Lac est constituée par un plateau et, comme telle, balayée aussi bien par le vent de l'Est que par le mistral : les jours de grand vent on devra donc l'éviter, ou le traverser rapidement dans sa largeur pour gagner les pentes mieux abritées du *Sémaphore*. Ces versants sont d'autant mieux protégés qu'on se trouve plus près de leur base et d'autant plus ensoleillés qu'on est plus près du sommet. C'est ainsi que, du côté Est, l'*avenue et le sentier de la Corniche* parfaitement abrités de l'Ouest, n'ont du soleil que le matin, tandis que le *boulevard de l'Est* et l'*avenue de la Source*, moins garantis, ont plus de soleil.

Du côté de l'Ouest, tout le flanc du Cap-Ferrat est couvert d'une forêt de sapins qui y maintiennent une température égale et douce, en même temps qu'ils tamisent les rayons du soleil ; aussi considérons-nous qu'il est impossible de trouver une promenade meilleure pour l'après-midi et par vent d'Est. Le boulevard de l'Ouest est situé à mi-côte, bien à l'abri de l'Est, et s'il ne reçoit pas les premiers rayons du soleil, il jouit de ses derniers; les petits sentiers de *la Corniche*, de *la Réserve*, de *la Grotte*, situés plus ou moins bas dans une côte abrupte, passent tantôt dans un fouillis de verdure, tantôt sur le flanc de roches gigantesques et constituent une promenade saisissante par sa grandeur sauvage, charmante par sa verdure et par la vue qu'on y découvre sur la mer, le Var, Antibes, l'Estérel, etc. Malheureusement, elle est un peu fatigante lorsqu'il s'agit de monter rejoindre le boulevard de l'Ouest; aussi conseillons-nous de la faire en partant du restaurant; au *Phare*, une voiture peut attendre, et en tout cas la montée est bien moins rapide.

De l'extrémité du Cap, nous ne dirons qu'un mot, c'est qu'il est en plein Midi et que si le soleil y darde tout le jour, les vents de l'Est et de l'Ouest y soufflent sans obstacle.

Nous n'insisterons pas non plus sur l'*avenue de la Mer*, sur le *Belvédère*, le *Sentier du Sémaphore*, la *Cascade*, l'*avenue de la Cascade*, etc., qui, situés sur la crête, n'ont jamais le soleil caché mais sont en revanche plus ou moins exposés aux vents d'Est et d'Ouest.

Par temps calme, cet inconvénient disparaît et il ne reste plus que les avantages du soleil et d'une vue merveilleuse sur la mer, la côte et la montagne.

Bien quelle ne soit pas dans la presqu'île, nous rattacherons au Cap-Ferrat la promenade de Villefranche par le bord de la mer entre la mer et la ligne du chemin de fer (1). Abritée du Nord, de l'Est et de l'Ouest, le soleil du matin et de midi y donne très directement, sans arbres, ce qui peut être un inconvénient.

Nous ne recommandons pas le retour par la grande route, d'abord parce qu'il faut monter beaucoup pour l'atteindre, ensuite parce que très fréquentée par les voitures elle est assez poussiéreuse, chose regrettable, car elle est très pittoresque et offre une vue superbe sur la rade de Villefranche.

B) La Montagne. — Les promenades dans la montagne sont trop nombreuses et trop variées pour que nous puissions en parler en détail. Nous donnerons seulement des indications générales à leur sujet.

Les montagnes entourent Beaulieu en formant deux versants : versant des *Roches Saint-Michel*, versant du *Soleyal et de la Crête de Serres* ; le *Vallon de la Murta* les sépare et forme un chemin d'accès facile et pittoresque dans la montagne.

Vallon de la Murta. — Ce vallon reçoit peu de soleil si ce n'est le matin ; en revanche, on n'y sent que peu ou pas les vents d'Est et d'Ouest. L'après-midi il est d'autant plus frais que la température est chaude, et au coucher du soleil il est le siège d'un courant d'air froid assez marqué. Il est donc recommandable comme promenade du matin aussi bien par vent d'Est que par vent d'Ouest.

---

(1) Ce chemin est assez mal tracé et, surtout à un endroit, très caillouteux.

Vue générale de la presqu'île de SAINT-JEAN L. L.

Par ce chemin on peut gagner : à gauche, l'avenue Léopold II et la Grande-Corniche : à droite, le boulevard de la Barbiéra et les chemins du Syndicat local sur le versant Sud des rochers Saint-Michel.

VERSANT DES ROCHERS SAINT-MICHEL. — Ce versant est exposé au soleil depuis le matin jusqu'au soir et abrité contre les vents du Nord, Nord-Ouest et Nord-Est. Dans sa partie inférieure il est boisé et constitue une promenade excellente ; la partie supérieure est au contraire dénudée, les chemins y sont assez abrupts, le soleil y est très chaud et souvent même trop.

Il est parcouru par le boulevard de la Barbiéra, et par des chemins plus ou moins escarpés, pour la plupart créés et entretenus par le Syndicat d'intérêt local. Le boulevard de la Barbièra, continuant le boulevard Franco-Russe, monte en pente — 0 m. 05 p. mètres — et après avoir fait trois lacets, rejoint l'avenue Léopold II, derrière la villa Salisbury, conduisant ainsi soit à Villefranche, soit aux Quatre-Chemins et à la Grande-Corniche. La vue dont on jouit en suivant ce boulevard est superbe surtout à chacun des tournants ; le dernier lacet, à 80 mètres environ au-dessus du niveau de la mer, traverse des terrains boisés et est presque plat. Il constitue un excellent endroit de promenade, exposé et abrité d'une façon exceptionnelle, peut-être unique.

Les chemins qui parcourent ce versant sont nombreux. Le principal, en dehors des raccourcis figurés sur le plan, part de la Petite-Afrique et va au Belvédère [1] après avoir été coupé par le dernier tournant du boulevard de la Barbiera et rejoint au Rond-Point par un autre sentier qui vient de la gorge de la Murta. — Du Rond-Point se détache également un chemin de chèvre qui conduit à la chapelle Saint-Michel (*dan-*

(1) Ce chemin peut être fait à âne ; il est trop fatigant pour des malades.

BEAULIEU (Vue Salisbury et colline Saint-Michel) L. L.

gereux). Le panorama qu'on découvre du Belvédère est un des plus beaux qu'on puisse voir ; à l'Est, la vue s'étend jusqu'à l'Estérel, sur Nice, le Var, Antibes, Cannes ; à l'Ouest, on aperçoit la côte jusqu'à Bordighera; à ses pieds on a Beaulieu, la presqu'île Saint-Jean, Villefranche et sa rade ; enfin par les temps clairs, la Corse apparaît nettement à l'horizon.

Derrière les rochers Saint-Michel se trouve le vallon Saint-Michel, se dirigeant vers Eze où s'engouffre le vent d'Est. Le soleil n'y pénètre bien que le matin, aussi est-il un peu humide et il ne devra pas être parcouru le soir. Dans ce vallon descend un chemin allant du Belvédère à la mer d'Eze, en passant derrière le Cap-Roux.

VERSANT DU SOLEYAL ET DE LA CRÊTE DE SERRES. — Le versant du Soleyal et de la Crête de Serres est exposé au soleil levant, protégé du vent d'Ouest et très ombragé. C'est donc le matin, surtout si le mistral souffle, qu'on devra y aller. Plusieurs chemins peuvent servir à faire des promenades de ce côté de Beaulieu.

Le *chemin de la Madone-Noire* part de la gorge de la Murta et monte assez rapidement dans la verdure jusqu'à la chapelle de la Madone-Noire. Puis il redescend sur le versant Sud du Mont-Soleyal jusqu'à Villefranche, où il rejoint la route nationale à l'endroit appelé *Malariba*.

Dans la première partie du trajet on domine Beaulieu, Saint-Jean et la mer, dans la seconde on voit à ses pieds la rade et la ville de Villefranche. Bien abrité, ombragé , ce chemin est un peu fatigant.

Aux environs de la Madone, il croise le *chemin de la Crête de Serres* qui, parti de la route nationale près du pont Saint-Jean, monte dans les collines boisées qui abritent Beaulieu de l'Ouest.

Enfin, toujours aux environs de la Madone, le *chemin de l'Acris*, suite du chemin de la Crête de Serres, monte très rapidement pendant 200 mètres et réjoint l'avenue Léopold II.

MONTE-CARLO (Le Casino) L. L.

Cette *avenue Léopold II*, belle route *carrossable*, part de Villefranche et monte en faisant de nombreux lacets jusqu'au Col des Quatre-Chemins où elle rejoint la Grande-Corniche après être passée à côté de la Bastide de lord Salisbury, — où le boulevard de la Barbiéra commence, — avoir longé la propriété du Roi des Belges et offert à plusieurs reprises des belles échappées; bien exposée, à l'abri du vent du Nord, d'une pente facile, elle est un peu poussiéreuse.

La route de la *Grande-Corniche* est trop connue pour nous arrêter. Si elle a l'avantage d'offrir des points de vue superbes, d'être généralement assez bien abritée et exposée, elle a en revanche de grands inconvénients ; d'abord la poussière, ensuite les courants d'air dus à la configuration du terrain qu'elle parcourt, enfin des différences brusques de température venant de ses diverses expositions.

En la suivant du côté de la Turbie, on rencontre la route carrossable conduisant au village d'Eze (1) un peu plus loin on arrive à la Turbie.

La Turbie, reliée à Monte-Carlo par un chemin de fer à crémaillère, est en quelques sorte le centre des principales excursions de la région ; une des plus recommandées est celle de Laghet.

Les jours de grand vent on fera bien de ne pas s'approcher du sommet des montagnes abris et si on atteint la crête on ne sera plus protégé du tout, c'est évident. Ces jours-là, on fuira également les grandes routes où le vent soulève des nuages de poussière. C'est le cas pour la grande route de Saint-Jean, mais surtout pour celle

---

(1) Un chemin rapide, accessible aux seuls piétons, mène en une heure du village d'Eze à la gare et à la mer d'Eze : exposé au soleil du matin, abrité du vent, ce sentier est très fatigant. A ceux qui voudraient le suivre nous conseillons de venir par le chemin de fer de façon à éviter la route de Beaulieu à Eze qui, sillonnée de voitures de toutes sortes, est à certaines heures presqu'impraticable, grâce à la poussière.

de *Nice à Monaco* où les voitures se suivent et se croisente sans interruption et à toute allure ; elle conduit de l'autre côté du Cap-Roux à l'anse d'Eze, dont une moitié celle près du Cap-Roux est à l'ombre dès 10 ou 11 heures du matin et par suite froide et humide ; de plus, de nombreux courantsd'airs arrivent par les brèches des montagnes. Pour toutes ces raisons nous ne recommandons pas cette promenade.

Climat

Toutes ces promenades dont nous venons de parler sont d'autant plus agréables et salutaires, que les conditions extraordinaires à tous points de vue, où Beaulieu se trouve font qu'il jouit d'un climat exception. nel. Ici en effet, les vents locaux sont imperceptibles par suite de la proximité des montagnes le vent du Nord ne peut être senti, et du côté de l'Ouest la protection est assurée par deux chaînes de montagnes. L'Est et le Sud-Est et le Sud sont les seuls côtés ouverts, mais nous savons que le Cap-Ferrat offre des promenades à l'abri du vent d'Est ; d'ailleurs aucune station de la Riviera n'est abritée de l'Est.

Malgré cette situation unique, à Beaulieu comme partout au moment du coucher du soleil, on éprouve une sensation de froid parfois assez marquée. Ce froid plus apparent que réel, plus sensible à la peau qu'au thermomètre, est dû à la *radiation* par un mécanisme expliqué dans *Beaulieu station d'hiver*. Il est facile de parer à cet inconvénient, en empêchant ou en diminuant la radiation. Pour cela, pelisses et fourrures sont superflues ; il suffit de se couvrir les épaules et le dessus des bras — où la radiation, c'est-à-dire le froid, atteint son maximum — avec un vêtement, assez mince mais peu perméable, mis de façon à interposer autant que possible une couche d'air entre le corps et lui, ou bien avec un tissu moufflu, genre *tissu des Pyrénées*, qui retient de l'air dans dans sa texture lâche (1). La forme du vêtement importe peu; la principale chose étant de protéger les épaules et le dessus des bras, le genre plaid, châle, etc., est très pratique.

Ce phénomène du froid au coucher du soleil est peut-être moins marqué à Beaulieu qu'ailleurs; car, ainsi qu'on peut le prévoir, la température moyenne de l'hiver 9° 8 (2), y semble plus élevée que dans la plupart des autres stations hivernales.

Voici quelques chiffres de comparaison :

Ténériffe..........	10°	Cannes..........	9°
Beaulieu...........	9° 8	Nice..............	8° 9
Menton..........	9° 7	Hyères............	8° 5
Monaco...........	9° 4	Biarritz...........	7° 8
Rome............,	9° 3	Arcachon..........	5° 9

Ces chiffres ne sont pas absolus; d'après le Dr Orgeas, la moyenne hivernale de Cannes serait 10°, au lieu de 9°; pour le Dr de Valcourt celle de Menton serait 9° 2; pour d'autres, celle de Nice serait de 9° 3, au lieu de 8° 9. Quoi d'étonnant à cela! Tout dépend de l'exposition du thermomètre, de l'endroit de la station où il est placé, et enfin des années où les observations sont prises.

Au point de vue de la pluie, Beaulieu n'aurait que 71 jours par an.

Cannes......	52	jours de pluie	*Beaulieu*.	71	jours de pluie
Hyères......	58	—	Menton..	78	—
Nice.........	70	—	Pau.....	140	—

(1) Il n'y a pas de plus mauvais conducteur de la chaleur qu'une couche d'air. et il s'agit d'empêcher la perte de calorique du corps sous l'inflence de la radiation.

(2) Chiffre produit par la moyenne de ceux que M. Eiffel indique pour le mois de décembre, janvier et février dans sa communication au Congrès de Climatothérapie (Nice 1904).

Ces observations sont d'ailleurs d'accord avec ce que montre la végétation. Les orangers, palmiers, oliviers, mimosas, eucalyptus, etc., se voient partout sur le littoral et sont remarquables à Beaulieu.

Voici la température à laquelle gèlent les principaux de ces arbres qui caractérisent le littoral :

L'oranger.....	gèle entre	3°	et	6°	au-dessous du zéro
Le citronnier.	—	2°	—	4°	—
Le palmier....	—	3°	—	6°	—
L'olivier......	—	7°	—	11°	—

Quant à l'*héliotrope* et au *bougainvillée*, leur susceptibilité est encore plus grande. *La présence, la vigueur, les conditions de végétation de toutes ces plantes montrent avec une impartialité incontestable la valeur d'un climat.* Or nous insisterons sur les *citronniers* qui sont célèbres à Beaulieu par la bonté de leurs fruits et qui y poussent partout sans abri ; sur les *bananiers* qui y amènent leurs fruits à maturité ; sur les *héliotropes* en fleur tout l'hiver, enfin et surtout sur les *bougainvillées* qui tapissent les murs de notre station d'un véritable manteau de pourpre violacée, preuve d'une douceur et d'une constance remarquable de la température.

Au milieu de cette végétation tropicale et luxuriante, on peut se promener pendant de longues heures sans craindre le froid, car nulle part la *journée médicale* (1) n'est plus longue. Elle commence une heure et demie au plus, après le lever du soleil et se termine vingt ou trente minutes avant son coucher. Aux jours les plus courts de l'année, le soleil se lève vers 8 heures : à 9 h. 1/2 ou 10 heures, on peut donc sortir et ne rentrer qu'à 3 h. 1/2, le soleil se couchant à 4 heures ; heureusement les journées ne sont que peu de temps aussi courtes.

(1) La journée médicale est le temps pendant lequel les malades peuvent sortir.

Inutile de dire que Beaulieu, situé au bord de la mer, jouit d'un climat marin et tonique ; on peut atténuer cet effet en s'éloignant de la mer, surtout si on s'élève en même temps. Cela suffit presque toujours pour faire supporter le climat de Beaulieu même à des personnes très nerveuses. Cependant parfois quelques personnes très irritables ne peuvent le tolérer ; il faut alors que ceux-là s'éloignent dans la montagne à *plusieurs kilomètres*.

La situation sur le boulevard de la Barbiera est remarquable à ce point de vue et les personnes les plus sensitives pourront s'y loger sans avoir à craindre l'effet un peu excitant du bord même de la mer, bien que cette action excitante ait été très exagérée en ce qui concerne la Méditerranée. Tous les médecins du littoral, même ceux qui, comme à Cannes possèdent une zone très éloignée de la mer, ont été unanimes au Congrès de Nice (1904) pour protester contre ce *préjugé* accepté à tort par certains médecins de Paris et d'ailleurs, par analogie avec ce qui existe dans les stations océaniennes.

De là découle une question souvent difficile à résoudre, *le choix de l'habitation*, et que seul le médecin peut trancher. Nous considérons donc qu'avant de décider une location, tout hiverneur doit prendre l'avis de son médecin, d'autant plus que ce dernier peut seul savoir si les locaux sont habitables sans inconvénients au point de vue de l'hygiène..., etc.

Considérations Générales

Pour terminer, nous allons résumer, sous cette rubrique, les principes primordiaux que l'hiverneur ne doit pas perdre de vue.

Toute personne, bien portante ou non, qui vient

BEAULIEU (Vue Générale) Giletta

passer l'hiver ou une partie de l'hiver dans le Midi doit se soumettre à certaines règles pour tirer tout le bénéfice possible de son séjour.

Ces règles peuvent se résumer en un mot: *vivre hygièniquement*, et pour cela on doit se rappeler d'abord que nous avons tous besoin d'air pur. L'habitude de dormir la fenêtre fermée est des plus funestes: *des expériencee nombreuses et irréfutables ont prouvé que nous rendons par la respiration des substances éminemment toxiques même à de très faibles doses* (1). Dans une pièce très vaste, ce grave inconvénient est un peu moins sensible, voilà tout. Le seul moyen de l'éviter est de dormir la fenêtre entrebaillée et de la tenir largement ouverte toute la journée surtout si on reste dans la chambre. Avec le climat du littoral, rien n'est plus facile que de s'habituer à l'aération continue (2) à condition d'être exposé au Midi, d'y mettre une juste progression et de suivre certaines règles.

Mais tout ne réside pas dans la cure d'air faite à

(1) Gavarret introduisit des animaux sous une cloche et bien qu'il remplaçât l'oxygène au fur et à mesure de sa consommation et absorbât l'acide carbonique dès sa production, *les animaux moururent*. Hammond, de New-York, constata que cet air devenu irrespirable décolorait une solution de permangante de potasse par suite des matières organiques qu'il contenait; de même et pour la même raison il colore en jaune l'acide sulfurique et en rose une solution concentrée de nitrate d'argent. Enfin Brown-Séquard et d'Arsonval ont recueilli dans un appareil réfrigérant les vapeurs contenues dans l'air expiré par un homme et ont injecté le liquide ainsi recueilli sous la peau de lapins et de cobayes *qui sont tous morts*.

Ces expériences démontrent d'une façon péremptoire que le poumon, même sain, exhale de la vapeur d'eau chargée de poisons éminemment toxiques.

(2) Elle se pratique dans certains sanatoria par le vent, la pluie la neige, le brouillard et par des froids très rigoureux; M. le professeur Debove a fait vivre des tuberculeux pendant tout un hiver très froid à Paris, dans une chambre d'hôpital dont il avait fait enlever les fenêtres, et cela non seulement sans accidents ni incidents, mais avec le plus grand avantage.

domicile; celle faite au dehors, soit au repos, soit en marchant, est en tous points préférable si rien ne la contre-indique.

L'hiverneur doit commencer par s'acclimater; pour cela, pendant huit jours au moins, il évitera une alimentation trop abondante, trop substantielle et résistera à la griserie du ciel bleu, c'est-à-dire ne fera pas de grandes excursions (1). Peu à peu il augmentera la longueur et la durée de ses promenades du matin et du soir, en se rappelant que la « journée médicale » commence une heure et demie après le lever du soleil et finit trente minute avant sa disparition. Surtout au début, il évitera de sortir par les temps de grand vent et y renoncera les jours de pluie; en revanche, le froid n'est plus un obstacle dès qu'on est un peu aguerri. Enfin toute personne qui a de la fièvre, si peu que ce soit, qui le soir atteint ou même approche de 38°, doit sans hésitation supprimer la promenade de l'après-midi, parfois même celle du matin, c'est au médecin qu'il appartient de juger.

On doit sortir le matin après avoir pris le premier déjeuner (2) et être rentré autant que possible avant midi, afin de ne pas se mettre à table encore excité par la marche.

On évitera de sortir aussitôt après le repas et surtout de faire à ce moment une course rapide ou fatigante. *L'ombrelle et le vêtement supplémentaire sont de règle à toutes les sorties*, la première pour abriter du soleil, la seconde pour protéger contre les changements brusques de température qui se produisent

---

(1) Souvent quelques petits malaises coïncident avec cette période d'accoutumance et affirment son importance.

(2) Dans certains cas, l'obésité, par exemple, on devra faire au contraire la promenade matinale à jeun.

lorsqu'on passe à l'ombre (1), qu'on cesse d'être à l'abri du vent ou que le soleil se cache. D'ailleurs le *grand soleil est aussi dangereux* et provoque parfois de la congestion, surtout aux poumons ; on doit toujours s'en garantir, soit en se mettant à l'ombre des arbres qui tamisent la lumière, soit en s'abritant avec une ombrelle ; *sous aucun prétexte on ne restera immobile à son exposition immédiate.* On doit fuir les rayons directs du soleil avec le même soin que l'ombre absolue, humide et froide ; ils sont aussi dangereux. Ce qu'on doit rechercher, ce qui ne se trouve que dans le Midi, c'est la luminosité, c'est le soleil tamisé par les arbres, c'est l'ombrage des sapins. Là on peut sans crainte s'allonger, se reposer et respirer l'air vivifiant; qu'on se couvre, — si on a froid — c'est pour cela qu'on doit avoir des vêtements supplémentaires, mais qu'on se garde de se réchauffer en s'exposant au plein soleil.

Quand doit-on se reposer ? Avant d'être fatigué, dès qu'on sent la moindre lassitude. D'ailleurs, pour les malades la formule est changée, on ne les envoie plus "se promener dans le Midi", ils viennent *s'y reposer*. L'essoufflement, les palpitations, les battements de cœur, la trop grande accélération du pouls doivent être soigneusement évités ; leur apparition indique d'une manière formelle qu'on doit ralentir sa marche et même s'arrêter. L'hiverneur doit, en somme, faire de *l'entraînement progressif*, c'est-à-dire exercer méthodiquement ses muscles, ses poumons, son cœur et ses vaisseaux ; qu'il n'oublie pas, en outre, que s'il est dans un climat merveilleux, unique, il n'en doit pas moins prendre de multiples précautions et que ce pays si utile à ceux qui savent l'utiliser peut être dangereux à l'imprudent.

(1) Cela n'est vrai que pour *l'ombre absolue*, produite par exemple par une montagne, car l'ombre des arbres, des sapins en particulier, n'est pas froide et doit être recherchée.

RENSEIGNEMENTS

CONCERNANT LES DIFFÉRENTS SERVICES DE LA LOCALITÉ

MAISONS RECOMMANDÉES

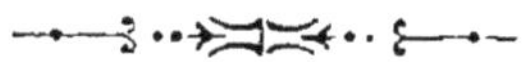

POSTE et TÉLÉGRAPHE - TÉLÉPHONE

Boulevard Marinoni

DÉPART ET ARRIVÉE DES COURRIERS

Heures de la Gare

Départ du Bureau de Poste 20 minutes avant

DÉPART				ARRIVÉE			
FRANCE		ITALIE		FRANCE		ITALIE	
N° train	Heures	N° train	Heures	N° train	Heures	N° train	Heures
54	7 h. »	177	6 h. 45	54	7 h. »	177	7 h. 30
10	2 h. 10	43	12 h. 50	10	1 h. 20	43	2 h. 50
50	4 h. 10	9	2 h. 10	50	2 h. 50	9	4 h. 40
8	10 h. 30		10 h. 30	9			10 h. 50

La levée des boîtes à la gare se fait 10 minutes avant les trains

DISTRIBUTION DES COURRIERS

France et Etranger

8 heures le matin et 4 h. 15 le soir

HEURES D'OUVERTURE DU BUREAU

Du 15 Novembre au 30 Avril, de 8 heures du matin à 9 heures du soir

Les guichets postaux sont ouverts les Dimanches et jours fériés jusqu'à midi seulement

Les guichets télégraphique et téléphonique sont ouverts en permanence de 8 h. du matin à 9 h. du soir

Les dimanches et jours fériés, la distribution du courrier se fait aux guichets postaux de 3 à 4 heures

SERVICE RELIGIEUX

Avenue Félix-Faure

Eglise Catholique Paroissiale

SERVICES

Dimanche :

Messe basse .... 6 h. 1/4
Grande Messe, Prône. .... 9 h. 1/2 10 h. 3/4
Vêpres et Salut.......... .... 2 h. »

La semaine, messe basse tous les matins à 6 h., 7 h., 8 heures

N.-B. — Pour plus amples renseignements, prière de consulter le tableau affiché chaque semaine à la porte de l'église pour les heures et les offices de la semaine.

ENGLISH CHURCH

DIVINE SERVICE

Ravin de la Murta

WILL BE HELD AT ST-MICHAEL'S CHURCH

BEAULIEU

On Sundays during the Season

AS FOLLOWS : —

Holy Communion. — 2nd, 4th & 5th Sunday in the mouth, 8-30. A. M.
Morning Prayer. — 10-30, A. M.
Holy Communion. — 1st & 3st after Mre Pr A. M.
Evening Prayer. — 3-00, P. M.

Weck Days

Short Mattins. — Monday. Tusday, Thursday, Saturday, 9. A. M.
Litany. - Wenesday, Friday, 9.30, A. M.
Saint Days. — Holy communion 9.30, A. M.
Chair Practice. — On Fridays 2. p. M.

COMMUNE DE BEAULIEU — **TARIF DES VOITURES DE PLACE** — COMMUNE DE BEAULIEU

TARIF DES VOITURES DE PLACE

Course dans le territoire de la Commune

	JOUR	NUIT
Voiture à 1 cheval	1 fr.	1 50
Voiture à 2 chevaux	1 50	2 50

A l'Heure dans le territoire de la Commune

	JOUR	NUIT
Voiture à 1 cheval	2 50	3 »
Voiture à 2 chevaux	3 50	4 »

Promenades

		JOUR	NUIT
NICE	Voiture à 1 cheval, aller et retour, avec une heure séjour ou aller seulement.	8 »	10 »
	Avec deux heures de séjour	12 »	15 »
	Voiture à 2 chevaux, aller et retour, avec une heure séjour ou aller seulement.	12 »	15 »
	Avec deux heures de séjour	15 »	20 »
MONACO MONTE-CARLO	Voiture à 1 cheval, aller et retour, avec une heure de séjour ou aller seulement.	10 »	12 »
	Avec deux heures de séjour	15 »	18 »
	Voiture 2 chevaux, aller et retour, avec une heure de séjour ou aller seulement.	15 »	20 »
	Avec deux heures de séjour	20 »	25 »
CAP D'AIL EDEN-HOTEL	Voiture 1 cheval, aller et retour, avec 1/2 heure de séjour ou aller seulement.	8 »	10 »
	Avec une heure de séjour	10 »	12 »
	Voiture 2 chevaux, aller et retour, avec 1/2 heure de séjour ou aller seulement.	12 »	15 »
	Avec une heure de séjour	15 »	20 »

Route forestière de Montboron retour par Nice

Voiture à 1 cheval, deux heures de séjour	15 »	
Voiture 2 chevaux, deux heures de séjour	20 »	

Tour de l'Observatoire retour par Nice

Voiture à 1 cheval, deux heures de séjour	20 »	
Voiture à deux chevaux, deux heures de séjour	25 »	

Promenades

Eze (Village) retour par Menton	JOUR	NUIT
Voiture à 1 cheval, trois heures de séjour	25 »	
Voiture à 2 chevaux, trois heures de séjour	35 »	

		JOUR	NUIT
CAP FERRAT LE LAC SAINT-JEAN VILLEFRANCHE EZE (gare)	Voiture à 1 cheval, aller et retour, demi-heure de séjour ou aller seulement	4 »	5 »
	Avec une heure de séjour	6 »	7 »
	Voiture à 2 chevaux, aller et retour, demi-heure de séjour, ou aller seulement	6 »	7 »
	Avec une heure de séjour	8 »	9 »
ST-HOSPICE et RÉSERVE CÉSARI	Voiture à 1 cheval, aller et retour, avec 1/4 d'h. de séjour ou aller seulement.	6 »	
	Avec demi-heure de séjour	7 »	
	Voiture à 2 chevaux, aller et retour, avec 1/4 d'h. de séjour ou aller seulement.	8 »	
	Avec demi-heure de séjour	9 »	

Tour du Cap Ferrat — Le Phare

Voiture 1 cheval, aller et retour, avec 1/2 h. de séjour.	8 »	
Voiture 2 chevaux, aller et retour, avec 1/2 h. de séjour.	10 »	

Villa Salisbury par le Cimetière

Voiture 1 cheval, aller ou aller et retour sans séjour.	3 »	4 »
Avec une heure de séjour	5 »	6 »
Voiture 2 chevaux, aller ou aller et retour sans séjour.	4 »	5 »
Avec une heure de séjour	6 »	7 »

Villa Salisbury par Villefranche

Voiture 1 cheval, aller et retour, une heure de séjour ou aller seulement	8 »	
Voiture 2 chevaux, aller et retour, avec une heure de séjour ou aller seulement	10 »	

Villa Budin

Voiture 1 ou 2 chevaux, aller et retour avec 1 h. séjour.	3 »	4 »
Voiture 1 ou 2 chevaux, aller ou aller et retour sans séjour.	5 »	6 »

NOTA. — Chaque heure d'attente en plus du temps mentionné est payée 2 fr. 50 pour les voitures à 1 cheval et 3 francs pour celles à 2 chevaux.

LAGHET PAR LA CORNICHE ET RETOUR PAR LA TRINITÉ ET NICE — TOUR DE LA CORNICHE PAR VILLEFRANCHE, LA TURBIE ROQUEBRUNE, MONTE-CARLO, GROTTE SAINT-ANDRÉ, TOUR FALICON ET RETOUR PAR CIMIEZ OU PAR GAIRAUT

Voiture 1 cheval, avec trois heures de séjour	30 Francs	avec bifurcation au Cap-Martin, 5 francs en plus
Voitures 2 chevaux, avec trois heures de séjour	40 »	

TARIF

DES

Bateaux pour Courses et Promenades en Mer

(ARMÉS AU BORNAGE)

Double course de BEAULIEU à VILLEFRANCHE, NICE ou MONACO, avec une heure d'arrêt :

Une à trois personnes..................	fr.	20 »
Chaque personne en plus..............	—	2 50

Double course de BEAULIEU à SAINT-JEAN, et une demi-heure d'arrêt seulement :

Une à trois personnes..................	fr.	5 »
Chaque personne en plus..............	—	0 75

Aller seulement de BEAULIEU à SAINT-JEAN, et vice-versa :

Une à quatre personnes................	fr.	3 »
Chaque personne en plus..............	—	0 50

Course de BEAULIEU à EZE simple, ou double course sans arrêt :

Une à trois personnes..................	fr.	5 »
Chaque personne en plus..............	—	1 25

Course de BEAULIEU à LA TURBIE, CAP D'AGLIO :

Une à trois personnes..................	fr.	12 »
Chaque personne en plus..............	—	1 50

L'heure pour Pêche ou Promenade :

Une à trois personnes..................	fr.	3 »
Chaque personne en plus..............	—	0 75

Toute heure commencée depuis 5 minutes doit être payée entière ; le paiement des courses, même avec retour, s'effectue au premier débarquement ; toute heure ou demi-heure de stationnement dépassée de 5 minutes est payée en plus au tarif de l'heure.

BEAULIEU

10 kilomètres de Nice et de Monte-Carlo — 1394 habitants
Superficie : 92 hectares

Maire : Bailet, J. — *Adjoint :* Lautier, P.

Conseillers Municipaux : Bovis ; Ciais, Joseph-Bernard ; Ciais, Pascal ; Giaume, Alexandre ; Giaume, Nicolas ; Garziglia, Blanc ; Hérard de Besse ; Maiffret, A. ; Mangan, S. ; Riccobono, V.

Le Maire reçoit à la Mairie de 10 h. à 11 heures du matin. — Secrétaire de Mairie, Falicon.

Cimetière : Vallon de la Murta.

Cultes : Eglise catholique, avenue Félix-Faure, à côté de la Mairie, abbé Giletta. — Eglise Anglicane St-Michaël, vallon de la Murta.

Instruction publique : Ecoles communales de garçons et de filles, à la Mairie.

Mairie : Avenue Félix-Faure (à côté du Port).

Marché public : Vallon Murta (à côté de l'hôtel des Anglais).

Octroi : Bureaux, place de la Gare ; pont de Saint-Jean et à la Petite-Afrique.

Recette buraliste : Ciais, B.

Percepteur : M. Laurenti, à la Mairie, les premiers Jeudis de chaque mois.

Place Square : Boulevard Marinoni.

Ponts et Chaussées : Baud, conducteur.

Poste des Douaniers : Pointe batterie (côté du Port).

Poste, Télégraphe et Téléphone : Boulevard Marinoni.

Sociétés : Syndicat d'intérêt local, Président : Docteur Johnston-Lawis. — Secours mutuels, Président : Lautier, P. — Société Musicale. — Renaissance de Beaulieu, Président : Caraveu. — Société des Vétérans, V. Martin.

Voitures de place : Stations, place de la Gare ; avenue Félix-Faure (à côté du Bristol).

PROFESSIONS et MÉTIERS par ordre alphabétique

Les Hôtels, Villas, Promenades sont mentionnés dans le Plan

Afficheur : Caisson, M.

Agences : **BOVIS**, Location, transactions immobilières, terrains, renseignements gratuits. — Kurz.

Architectes : **BOVIS**, avenue de la Gare ; Delor, boulevard des Anglais.

Antiquités : Laurent, Ch.

Ameublements : CIAUDO, P.

Appareils à gaz : Icart, RAYMOND.

Appareils sanitaires : Dellavale, ICART L., Robaudi et Périssol.

Articles de bureau : Abiatte (bureau de tabac).

Articles de ménage et Quincaillerie : RAYMOND, G.

Aubergistes-Cabaret. : Ciais, Joseph-Ange ; Giaume, A. ; Nicolaï ; Verrachi ; Viau ; Penchienatti.

Automobiles (garage) : Meunier, P.

Banques : Banque populaire de Menton ; Crédit Lyonnais.

Bars, Comptoirs, Cafés : Bar du Commerce ; Comptoir Bristol ; Bar Parisien ; Bar Central ; Comptoir Beaulieu ; Rocher de Beaulieu.

Bateliers : Ciais, L. ; Caisson, M. ; Garziglia, M.

Bazars-Merceries : Delgandio, Faguet, Rousseau, BRON.

Bibliothèque : Bibliothèque de la Gare.

Blanchisseuses et Repasseuses : Mmes Allavena, Bragiotti. Bussi, LORENZI, Virgelin, Riccobono ; Mlles Ciais, Madeleine.

Bois et Charbons : FERRARI, P. ; GIAUME, J. ; Lacqua.

Bouchers : Colomas, Gay, LAMBERT.

Boulangers : GIAUME, Joseph ; Schneider ; Riquier.

Camionneurs : Giaume, N.; Rossi, C.; Riccobono, V.
Charcutier : E. Chollet.
Charpentiers : Ciais, F.; Ciais, Joseph.
Coiffeurs : Arnulf, Clinchard, Robin.
Comestibles-Epiciers : Ferrari, P.; Gastaud ; Giaume, Joseph ; Giaumes (Vve) ; Martin, Muller ; Olmeda ; Riquier.
Commissionnaires : Bricco ; Giordan ; Riccobono.
Charron : Cousovero.
Cie des Eaux : Bureau maison Giaume, r. Notre-Dame.
Cie du gaz et de l'électricité : Bureau avenue Félix-Faure, près du Pont de Saint-Jean.
Confiseur-Pâtissier : Raineri.
Cordonniers : Bianchi, Gastaldi, Valcauda.
Couturières : Bailet (Mme), Darricarrère (Mlle). Schneider (Mme), Monassero (Mme), Fassio (Mlle).
Dentiste : Andreis.
Docteurs : Bernarbeig (villa Hermosa), boulevard Félix-Faure ; Coste, A., boulevard Marinoni ; Hérard de Bessé, boulevard Marinoni ; Jays, boulevard des Anglais ; Johnston-Lawis (villa Lawis) ; Ricoux, avenue de la Gare, 3.
Droguerie : Faraut.
Entrep. de travaux publics : Ferrari, P.; Lorenzi, F. Lorenzi, Joseph ; Bussi, Ant.
Electriciens : Dalbéra, Prado.
Etameur : Senis.
Ferblantiers-Lampistes : Icart, L.; Dellavale, Périssol, Raymond.
Fumiste : Pojasina.
Glace vive : Bricco.
Hôtels-Restaurants : Beau-Rivage ; Terminus ; du Commerce.
Horticulteurs-Fleuristes : Coulomb, Carbonatto, Hickel ; Maiffret ; Mouton ; Roux.
Horlogers : Vaggione, C.

Hôtels : Bristol, des Anglais, Métropole, Empress-Bond's, Krefft, Beaulieu, Beau-Rivage, du Commerce.
Pensions : de Londres et Frisia.
Imprimerie : Gaggini, Honoré.
Journaux : Bibliothèque de la Gare, Abiatte (tabac).
Laitiers : Pastorelli, Sassi.
Loueurs de Voitures : Bienvenu, Cassini, Guigonis, Gueit, Riccobono, Tournaire, Yves, Véran.
Matelassiers-Cardeurs : Ciaudo, P.; Salvani.
Nettoyeurs d'Appartements : Andréoli, Salvani.
Nótaire : Amici.
Papeterie : Abiatte.
Pianos et leçons : Abiatte.
Pharmacies : Grosgurin, avenue de la Gare ; Janey. boulevard Félix-Faure.
Photographes : Fontaine, Sanitas.
Professeurs de langues vivantes : Rabery, F. (Mlle) ; Garziglia, S. (Mme).
Peintres en bâtiments : Mongenotti, Moscat, Viotti.
Sage-femme : Masson (Mme).
Serruriers : Gianetto, Borréa.
Tabacs : Ciais, B.; Abiatte.
Tailleurs : Riva, Veracki, New England.
Tapissier : Ciaudo.
Teinturiers : Berrino, Penchienatti.
Vins : German, Fassio, Textoris, Giaume, Jh ; Muller.
Volailles : Arobio, Cometto.

HOTEL BRISTOL

BEAULIEU

Open from march to end april — Nearly every window commands a Sea view

PAVILLON BRISTOL

Open early in November

N. B. — The Pavillon Bristol has been opened for the conveniance of visitors coming early wishing to remain late in the Season.

Arrangements can be made during the "Pavillon" Season.

Luxuriously Furnished, Modern English Sanitation

SEA WATER BATHS IN HOTEL

Electric light thoughout

Spacious private Gardens with terraces to the Sea

VÉRANDA-RESTAURANT

The Italian Orckestra plays in the Restaurant for Lunch & dinner, and in the Winter-Garden during Afternoon Tea.

CONFISERIE & PATISSERIE

Expédition pour tous Pays

SALON, TEA ROOM, SPECIALITY DRIED FRUITS

RAINERI CHARLES

BEAULIEU — 2, Avenue des Anglais — BEAULIEU

(Près la Poste)

ENGLISH SPOKEN — MAN SPRITCH DRUTSCHE

BEAULIEU-SUR-MER

PENSION DE LONDRES

Premier Ordre, Confort Moderne, Electricité

En Eté : HOTEL REGINA, à Saint-Martin-Vésubie (A.-M.)

ALTITUDE 1.000 MÈTRES

Victor PIGNAT, Propriétaire

BOND'S PRIVATE HOTEL

A comfortable well-drained and ventilated first-class house, charmlingly situated. Lovely Garden, Facing full South, 5 minutes, walk from Station, Church, and Sea. Recommended for its excellent cuisine, and comfort. Proprietor, J. BOND.

Madame RABÉRY

Ex-Surveillante Diplômée des Hôpitaux de Paris

MASSAGE MÉDICAL

Avenue de la Gare — BEAULIEU (A.-M.)

L'Été, Pension de Famille, cure d'Air et de Lait

1.200 MÈTRES D'ALTITUDE

VILLARS-COLMARS, Basses-Alpes

CHAPELLERIE L. BLANCHI

NICE — 57, Rue Gioffredo, 57 — NICE

(A côté de l'Hôtel du Helder)

Chapeaux de Premières Marques Anglaises et Françaises

PRIX TRÈS MODÉRÉS

ROBES ET CONFECTIONS

Madame BAILET

COSTUMES ANGLAIS ET FRANÇAIS GENRE TAILLEUR

BEAULIEU - Avenue de la Gare - BEAULIEU

ELECTRICITÉ INDUSTRIELLE ET MÉDICALE

Paratonnerre — Téléphone

BEAULIEU

Boulevard Félix-Faure — Près le Crédit Lyonnais

MAISON PRINCIPALE A MENTON

EPICERIE, COMESTIBLES

Pâtes alimentaires, Conserves, Pain, Biscuits, Huile, etc.

P. FERRARI

Entrepôt de Bois et Charbons

On porte à Domicile

Beaulieu-s-Mer -- Boulevard Marinoni -- Beaulieu-s-Mer

Grande Vacherie Laiterie Milanaise

J.-B. PASTORELLI

Beaulieu-sur-Mer (Alpes-Maritimes)

Lait pur non écrémé, Lait chaud en bouteille cachetée
Beurres fins. Œufs frais. Crême Chantilly, Fromage à la Crême
Son et Fourrage

Boulevard Marinoni — Beaulieu

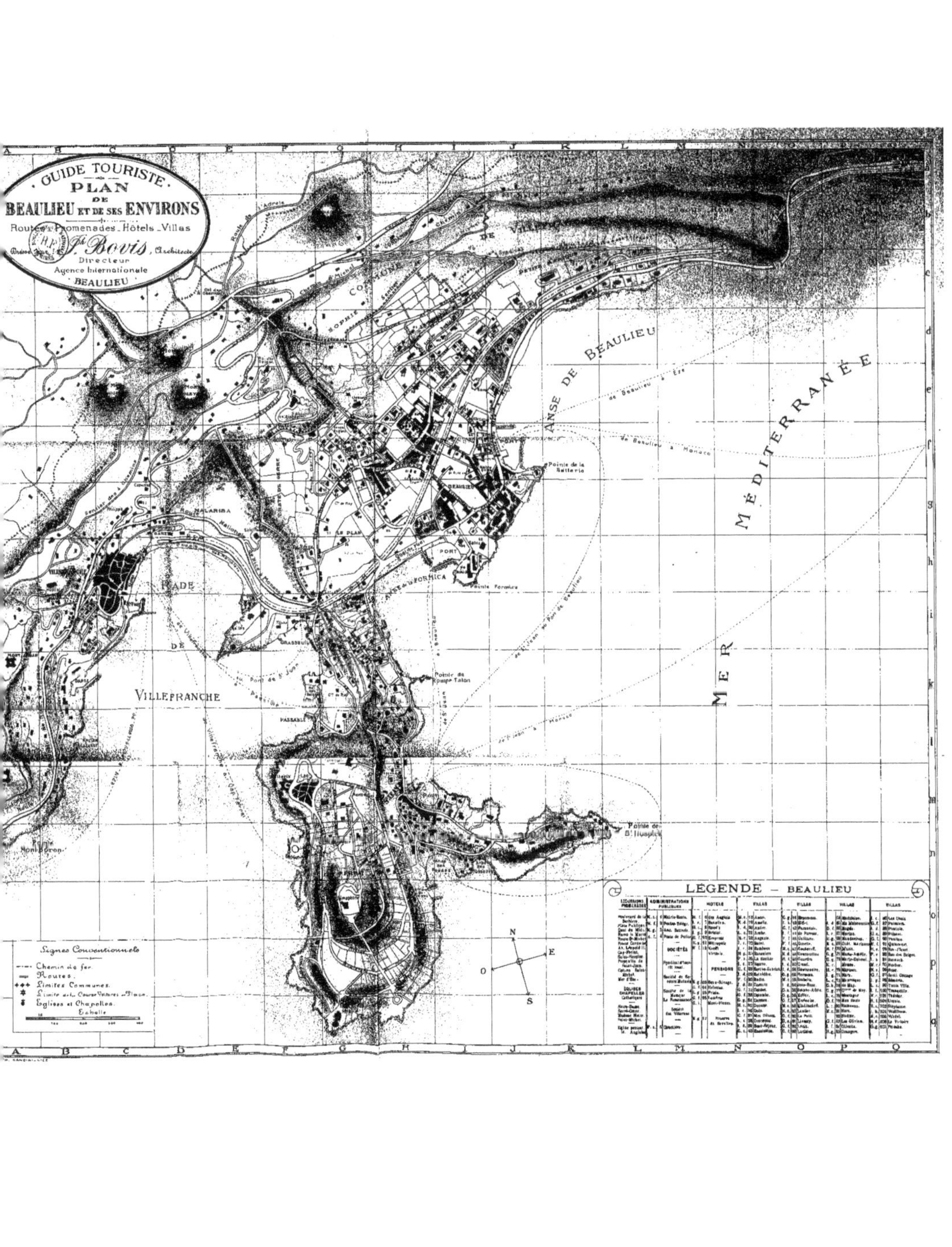
GUIDE TOURISTE
PLAN
DE
BEAULIEU ET DE SES ENVIRONS
Routes _ Promenades _ Hôtels _ Villas
J.h Bovis, Architecte
Directeur
Agence Internationale
BEAULIEU
ANSE DE BEAULIEU
MÉDITERRANÉE
MER
de Beaulieu à Eze
de Beaulieu à Monaco
Pointe de la Batterie
PORT
ANSE de la FORMICA
Pointe Formica
Pointe de Passe Talon
RADE
DE
VILLEFRANCHE
PASSABLE
GRASSEUIL
LE PLAN
Pointe de St Hospice
Montboron
LÉGENDE – BEAULIEU
Signes Conventionnels
Chemin de fer
Routes
Limites Communes
Eglises et Chapelles
Echelle
N
E
O
S
A B C D E F G H I J K L M N O P Q

www.ingramcontent.com/pod-product-compliance
Ingram Content Group UK Ltd.
Pitfield, Milton Keynes, MK11 3LW, UK
UKHW021151220726
13924UKWH00003B/1113

9 782019 938543